글, 콘티 **이주영**

스무살부터 주식투자를 시작해서 20년 넘게 투자 일을 하고 있다. 주식에 관한 여러 권의 책을 출간했다. 경제와 투자에 관한 교육이 자본주의 사회를 살아가는 사람들에게 큰 힘이 될 거라 생각하고 경제교육에 힘쓰고 있다. 돈또니와 아띠는 아이들이 경제와 투자에 대해 재미있고 쉽게 받아들일 수 있게 쓴 책이다. 현재 유튜브 채널 "슈퍼개미 이주영"을 운영 중이다.

유튜브 채널 "돈또니와 아띠"는 아이들을 위한 경제교육 채널입니다.
"돈또니와 아띠" 로 놀러 오세요!

엄마아빠께.....

엄마아빠와 처음 시작하는 돈 공부

우리 아이 돈 공부는 어떻게 시작해야 할까요? 사실 우리 아이에게는 돈 공부보다 중요한 공부가 많습니다. 국어, 영어, 수학, 피아노, 바이올린, 태권도, 축구 외에 예절과 사회생활 그리고 친구 관계까지… 한명의 아이를 키우기 위해서는 한 마을이 필요하다는 말에 부모라면 누구나 고개를 끄덕이게 됩니다.

하지만 어른인 우리에게 인생에서 가장 큰 어려움이 무엇인지 묻는다면 그것은 국어도 영어도 수학도 아니고, 피아노도 축구도 아닙니다. 바로 '돈' 문제죠. 돈 문제는 어른인 우리에게도 큰 짐이며 고통입니다. 그래서 어쩌면 사랑하는 우리 아이는 최대한 돈에 대한 고민과 생각을 나중에 했으면 할지 모릅니다. 아마 저도 투자 일을 하지 않았다면 최대한 늦게 돈에 대해서 가르치고 싶었을 것입니다. 일단 '돈'이라는 문제를 생각하면 어른도 골치가 아프기 때문입니다.

하지만 이런 생각을 해보진 않으셨을까요? '어릴 때부터 누군가 돈에 대해서 가르쳐 줬다면 내 인생은 달라졌을 텐데…' 이러한 생각이 출발점이 되어 이 책을 만들기 시작했습니다. 우리 아이들이 어렸을 때부터 돈에 대해서 어렴풋이라도 알게 된다면, 아니 엄마아빠와 제대로 이야기를 나누어 보기만 하더라도 앞으로 살아갈 세상이 분명히 달라질 거라 생각했습니다.

돈에 대한 공부에 '정답은 없다'고 생각합니다. 돈은 늘 바뀌기 때문입니다. 하지만 어린 시절 엄마아빠 그리고 돈또니, 아띠와 함께한 돈에 대한 이야기는 어떤 의미로든 아이가 자본주의 사회를 살아갈 때 큰 영양분이자 밑바탕이 될 거라 생각합니다.

사랑하는 자녀가 돈또니, 아띠와 함께 즐겁고 의미 있는 돈여행을 시작했으면 하는 바람입니다.

등장인물

돈또니

신비로운 전설 속 풍요로운 돈나라에서 여행을 떠나온 돈또니. 어느 날 대한민국이 너무 좋아서 한국돈 '원'이 되기로 했다.
돈또니는 어린이 친구들에게 작은 돈이 큰돈이 되는 방법을 알려 주고 싶어 한다.
돈또니는 밝고 똑똑하며 손재주가 좋다.

아띠

돈또니의 친구, 작은 씨앗(Seed).
명랑하고 호기심이 많다.
돈또니와 함께 쑥쑥 자라
큰 나무가 되고 싶다.

*씨드(Seed): 재테크 할 때 기초가 되는 종잣돈

달슨

미국에서 온 친구.
호기심이 많고 운동을 좋아한다.
힘이 세고 자신감이 넘친다.

유리아

유럽에서 온 친구.
미술과 음악을 잘하고 좋아한다.
섬세하고 우아한 매력이 있다.

위홍

중국에서 온 친구.
호탕하고 밝은 성격이다.
요리를 좋아해서 음식을 잘한다.
특히 친구들에게 맛있는 음식을
해주는 것을 좋아한다.

투자

　　5권은 투자에 관한 내용입니다. 환율을 주제로 하는 4권을 통해서 돈은 각 나라의 중앙은행에서 만드는 상품이기 때문에 나라의 상황과 발전에 따라서 가치가 변한다는 점을 공부했습니다. 5권에서도 돈을 시장에서 거래되는 하나의 '상품'이라는 관점으로 보았으면 합니다. 아이와 함께 "어떻게 투자해야 돈을 벌 수 있을까?"라는 질문보다는 "시장에서 돈이라는 상품의 가격을 높이기 위해서 더 가치가 높아질 만한 다른 상품으로 바꿔두면 어떨까?"라는 질문의 답을 찾아보았으면 합니다.

　　10년 전의 물건이 지금은 얼마가 되었는지 살펴보고, 미래에는 어떤 물건의 가격이 상승할지 아이들과 이야기를 나누어 보면 좋을 것 같습니다. 돈은 변하지 않지만 금, 과자나 식재료, 그리고 여러 가지 서비스 사용료는 계속 오르는 것에 대한 이야기를 나누어 보세요!

　　5년 뒤, 지금보다 가격이 훨씬 많이 오를 것 같은 물건에 대해서 이야기를 나누어 보다 보면 자연스럽게 투자에 관해서 이해할 수 있을 거라 기대합니다. 만약 아이가 "앞으로 금값이 더 올라 갈 것 같아요!" 라고 말한다면 돈을

금 또는 금을 만드는 '고려아연' 회사의 주식으로 교환할 수 있다는 점을 가르쳐 주세요. 아이가 자동차를 좋아한다면 자동차를 만드는 회사인 현대차, 기아, 벤츠, 그리고 테슬라 등에 대해서 말해주세요. "돈의 가치를 지키고 싶다면" 앞으로 가격이 오를만한 상품을 만들어 내는 회사의 주식으로 바꿔두면 된다는 점을 가르쳐 주세요!

어릴 때부터 다양한 상품의 가격이 끊임없이 변화하는 것을 지켜보는 아이들은 돈이라는 상품의 가격이 변화하는 것도 자연스럽게 생각하게 됩니다. "돈의 가격은 앞으로 어떻게 될까? 돈보다 더 가치 있는 상품은 무엇일까?" 작은 의문이 아이를 자본주의 사회의 주인공으로 만들 거라 생각합니다.

돈은 매일 변해!

'투자'라는 건, 앞으로 시장에서
돈보다 더 인기가 많아질 물건을 미리 사놓는 거야!
돈도 시장에서는 물건이라서 언제든지 인기가 떨어질 수 있어!

가이드

돈은 각 나라의 중앙은행에서 만들어 낸 '상품'입니다. 그래서 외환 시장에서 가격이 매일 변합니다. 어른들은 힘들게 일한 시간을 돈으로 바꾸지만 돈의 가치가 완전하게 보장되지 않는다는 점, 그래서 돈을 5년 뒤 돈보다 더 가치 있어질 것으로 미리 바꾸어 두면 일한 시간의 가치를 더욱 커지게 할 수 있다는 점에 대해서 이야기해 봅니다.

와~ 멋있다!
나도 같이
배우고 싶어!

 **가이드**

앞서 4권 <환율>에서 배웠듯이 돈의 가격은 외환 시장에서 매일 거래되며 언제든지 크게 상승할 수도, 하락할 수도 있다는 점을 이야기 합니다.

돈또니와 친구들은 지금도 시장에서 가격이 변하고 있어요!

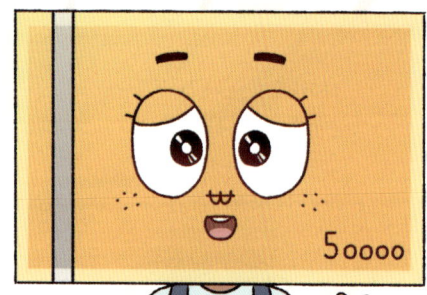

난 널 위해 만들어진 물건이야! 사람들은 '돈'이라고 부르지.

난 물건이라서 시장에서 거래되고 있어! 내 가격은 시장에서 정해져.

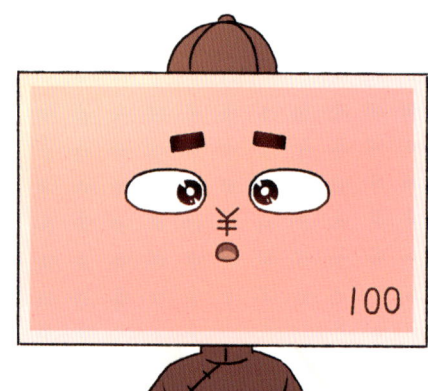

난 오늘 돈또니 보다 100원 싸게 팔렸어!

내일은 또니보다 더 비싸게 팔리고 싶어. 더 노력해야지!

하하! 오늘은 내가 원 (별명: 돈또니) 보다 100원 더 비싸게 팔렸어!

오늘은 달러가 더 비싼 날이야!

하… 이럴 줄 알았으면 돈또니를 미리 달러로 바꿔 둘걸!

가이드
돈은 오늘도 외환 시장에서 매일 거래되고 있다는 점을 이야기 나누어 봅니다.

세상에 변하지 않는 건 없어.

쑥쑥 커지는 너의 키처럼 세상도 얼마나 빨리 변하는지!

내일 누가 일등 할지는 아무도 몰라!

오늘은 누가 일등 할지 궁금해!

가이드

자본주의에서는 매일 돈의 가격이 경쟁을 통해 변한다는 점을 이야기 나누어 봅니다.

사람들은 시장에서 기업이 만든 물건을 사고팔아!
더 인기 있고 더 좋은 물건이 잘 팔리는 건 당연하겠지?

나라마다 잘하는 게 달라!
넌 어떤 돈이 좋니?
어떤 나라의 돈을 모으고 싶니?

돈또니가 있는 대한민국은 다른 나라보다 손재주가 좋아.

그래서 반도체를 잘 만들어!

철과 배터리도 잘 만들고 자동차도 잘 만들어!

| 스마트폰 | 반도체 | 냉장고 | TV |

| 자동차 | 철강 |

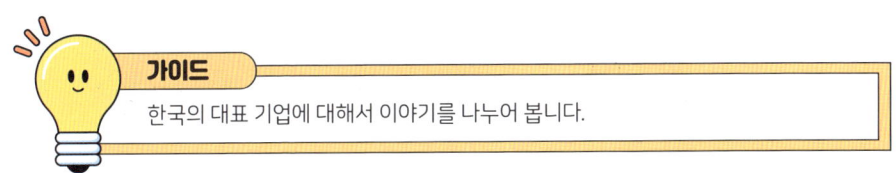

가이드
한국의 대표 기업에 대해서 이야기를 나누어 봅니다.

우리나라는 세계에서 인구가 제일 많아!

귀주모태주
CATL
공산은행

가이드
미국, 중국, 유럽 각 나라의 특징과 산업에 대해서 이야기 나누어 봅니다.

앞으로 어떤 돈이 더 인기가 많아질까?

매일매일
뒹굴뒹굴 노는 돈!

가이드

발전하는 나라는 훌륭한 기술, 물건을 만들어서 그것이 필요한 세계 여러 나라의 인기를 끕니다. 시장에서 인기 있는 물건이 비싸지듯 외환시장에서도 인기 있는 나라의 돈이 비싸집니다.

돈의 가치는 만들어 가야 해!

돈은 원래 종이잖아?

종이로 만든 돈을 가득 쌓아둔다고 해서 부자가 되는 건 아니야!

세상은 계속 변하는데, 돈은 앞으로 어떻게 변할까?

그래서 우리는
'투자'를 알아야 해!

가이드

열심히 일해서 돈을 모으기만 하는 것이 어떤 점에서는 위험할 수 있다는 것을 이야기 나누어 봅니다.

씨앗은 생명을 가지고 있어.
가득 모아두는 것보다 열매를 맺게 해볼까?

오랜 시간 동안 관심을 줘야해!

와~ 열매를 맺었다!

가이드

씨앗을 심고 잘 돌보면 열매를 맺을 수 있는 것처럼 돈도 투자를 통해 더욱 가치가 커질 수 있다는 이야기를 나눠봅니다.

돈을 모아둔 동안
돈의 가격이 떨어지면
돈을 갖고 있으나 마나야!

가이드

돈은 종이에 불과하기 때문에 단순히 돈을 가득 쌓아 둔다고 '부'가 늘어나지 않는다는 점을 이야기 나누어 봅니다. 기업의 발전기 없이 단순히 화폐량만 늘어날 때, 물가 상승하고 화폐가치가 떨어지는 인플레이션 현상에 대해서도 설명합니다.

5년 뒤 내 돈은 얼마일까?

돈을 쌓아두지 않고
많은 사람들에게
인기 있는 물건을 만드는
기업의 '주식'과 바꿔두면
나중에 더 큰돈이 될 거야!

가이드

미래에 가격이 꾸준히 상승해서 돈보다 가치가 더 높아질 것 같은 상품에 대해 이야기를 나누어 봅니다.

우리나라의 큰 기업들이야!
어떤 기업이 마음에 들어?
그 기업의 '주식'을 한번 사볼까?

가이드

주식을 통해 아무리 큰 기업이라도 일부분을 쉽게 가질 수 있다는 점을 이해시켜 줍니다. 앞으로 어떤 상품의 가격이 오를 것 같다면 그 상품을 만드는 회사의 주식으로 돈을 바꾸어 두면 된다는 이야기도 나누어 봅니다.

넌 어떤 기업이 마음에 들어?

그 기업은 어느 나라에 있니?

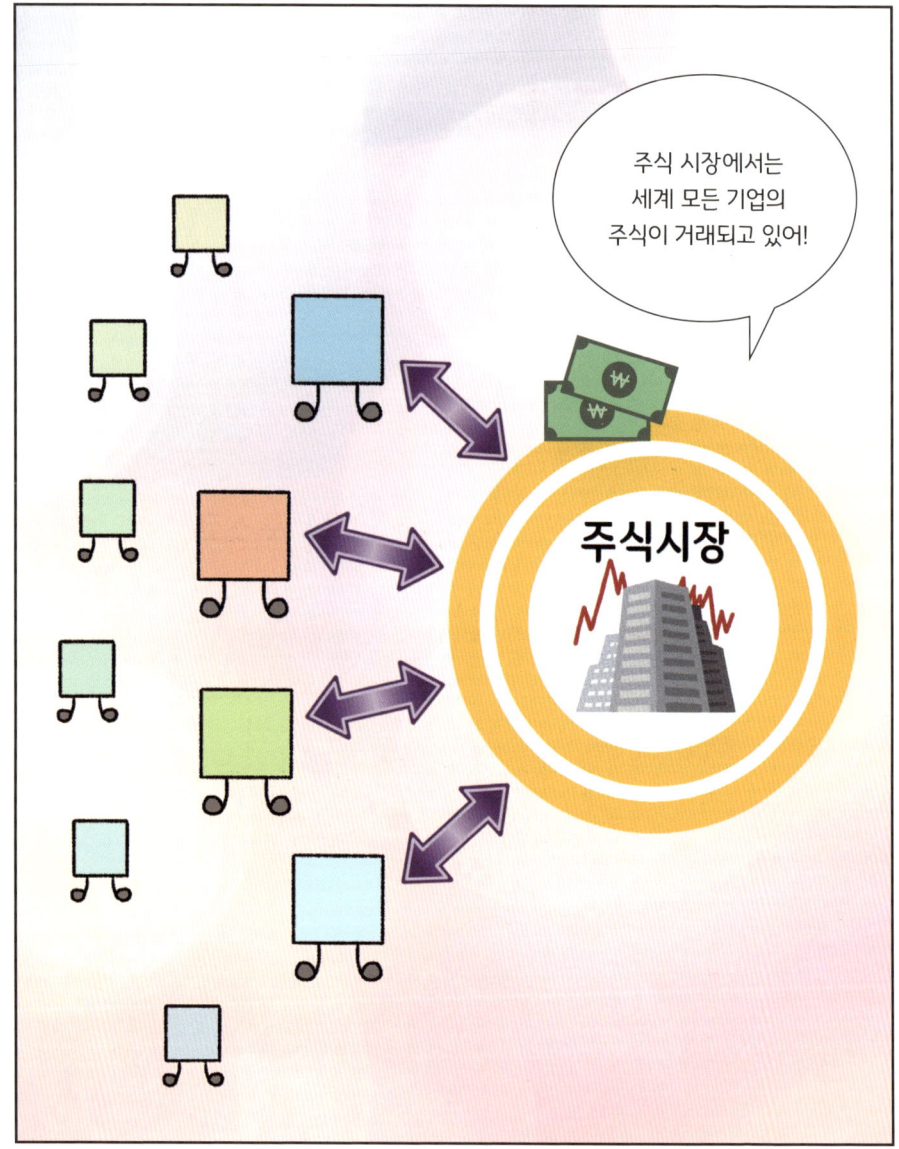

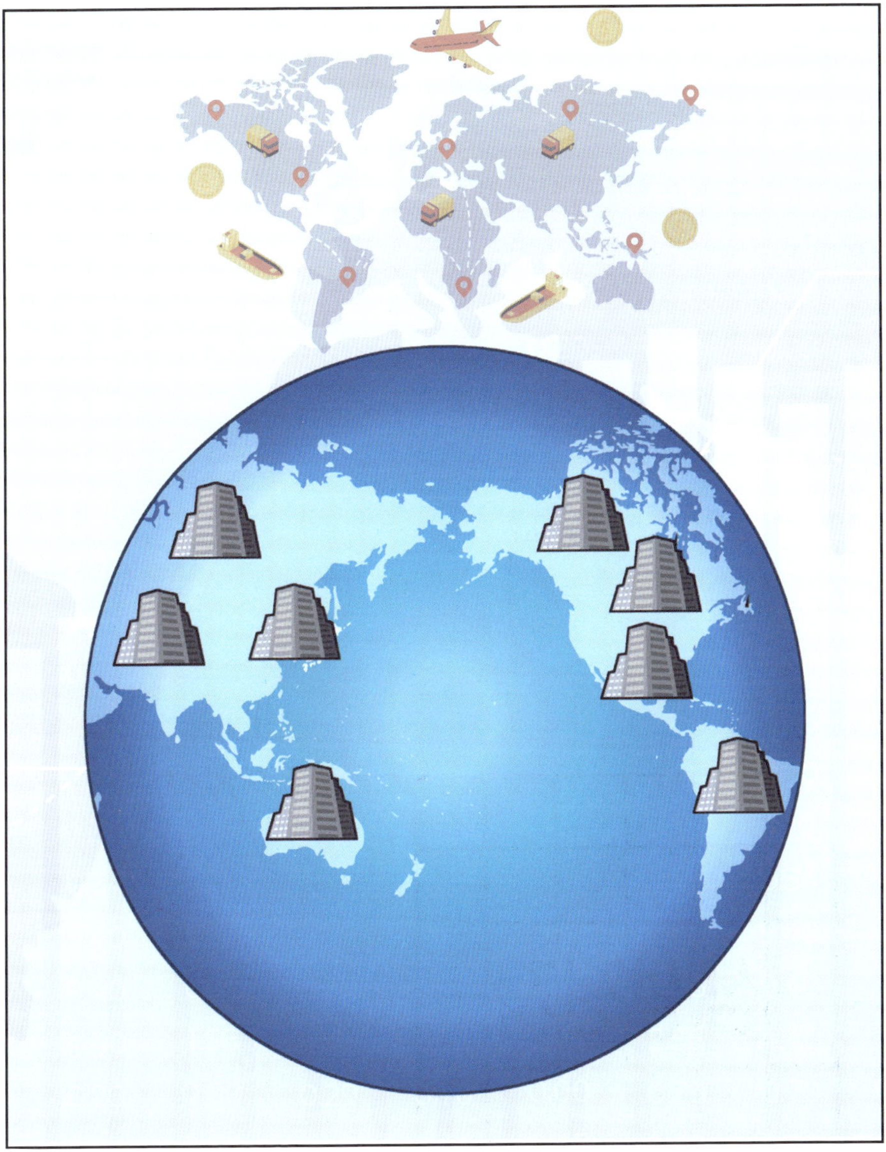

가이드

세계 모든 기업이 주식 시장에서 자유롭게 거래되고 있고, 각 나라마다 주식 시장이 존재한다는 것을 알려줍니다.

우리는 언제든지 주식 시장에서
기업의 작은 조각을 살 수 있어!

기업이 열심히 일을 해서 시장에서 인기가 많아지면
주식이 돈보다 비싸져!
그러면 가만히 돈을 모아두는 것보다
돈을 기업의 주식으로 바꿔두는 게 이득이야!

반대로 기업이 일을 안 해서 시장에서 인기가 없어지면
주식이 돈보다 더 싸져.
그러면 주식을 사지 않고 돈을 모아두는 게 더 이득이지!

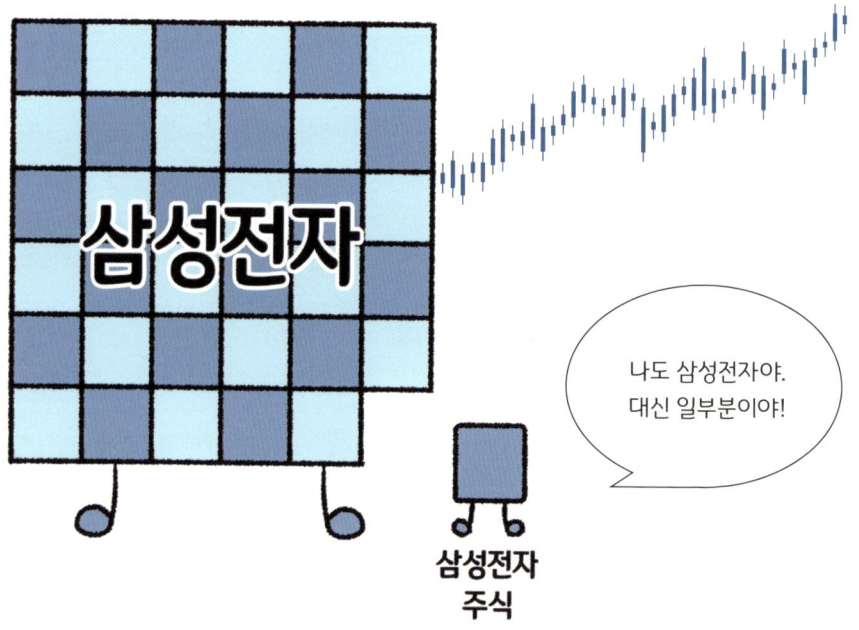

가장 열심히 일하는 기업의 '주식'은
미래가 되면 지금 그냥 쌓아둔
돈보다 더 가치가 있어져.

가이드

미래에도 꾸준히 가격이 상승할 만한 상품을 고르게 하고, 그 상품을 만들어 내는 기업의 주식을 사는 것이 돈을 가지고 있는 것보다 좋을 수 있다는 점을 이야기 나누어 봅니다.

"우리 주식 시장에 놀러갈까? 나 요즘 사고 싶은 주식이 생겼어!"

가이드

미래에는 어떤 산업이 발전할지, 변화하는 세상에서 무엇이 돈보다 더 가치가 있을지에 대해서 이야기를 나누어 봅니다. 우리가 일한 소중한 시간과 바꾼 돈은 또 무엇으로 바꿔 두어야 더 가치 있어질지, 앞으로 돈은 어떻게 변화할지 함께 생각해봅니다.

가이드

어른들이 돈과 투자에 대해서 더욱 어려워하는 이유를 생각해 볼까요?
어릴 때부터 돈이라는 상품의 변동성과 역동성에 대해서 생각해 본 적도, 겪어 본 적도 없기 때문이라고 생각합니다. 세상이 변화하듯이 돈도 변하고 산업도 변합니다. 어제의 돈은 오늘의 돈이 아니고 어제의 발전이 오늘의 발전을 보장하지 않습니다.
아이들에게 어릴 때부터 자본주의 변동성을 직접 경험하게 해주세요! 아이는 어느 순간부터 혼란스러운 숫자 속에서 안정을 찾고 변동하는 자본주의에서 편안함을 느낄 거라 생각합니다. 그리고 자본주의에서 누구보다 잘 적응해서 살아갈 수 있을 거라 기대합니다. 미래를 위해 오늘도 아이와 함께 경제공부를 하는 엄마아빠를 응원합니다.

5권 워크북
투자

돈또니의 대한민국 기업 친구들을 소개할게!

많은 기업 친구들이
오늘도 열심히 일을 하고 있어서
나는 비싸질 수 있어!

대한민국에서 유명한 기업을 적어볼까?

순서	대한민국 기업 이름
1	
2	
3	

대한민국에서 좋아하는 기업의 로고를 그려볼까요? 이름을 검색해서 찾아보세요.

대한민국 기업 친구들은 무슨 일을 할까?

기업: 현대
하는 일: 자동차 판매, 아파트 건설

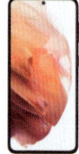
기업: 삼성
하는 일: 스마트폰, 반도체 판매

기업: 포스코
하는 일: 철강 판매, 발전소 건설

기업: 네이버
하는 일: 검색엔진, 웹툰 제공

 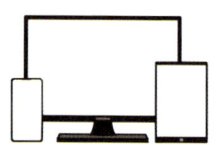
기업: LG
하는 일: 가전, 디스플레이 판매

기업: 하이브
하는 일: 아이돌 육성, 음반, 음원 판매

기업: 대한항공
하는 일: 비행기 운행, 관광 산업

기업: SK
하는 일: 반도체, 에너지 판매

기업: 한화
하는 일: 화학, 군수산업

대한민국의 기업들이 하는 일은 무엇일까요?

현대		하이브	
삼성		대한항공	
포스코		SK	
네이버		한화	
LG			

달슨의 미국 기업 친구들을 소개할게!

우리 미국은 세계에서 가장 대기업이 많은 나라야!

테슬라

애플

아마존

코카콜라

맥도날드

스타벅스

엔비디아

월마트

구글

미국에서 유명한 기업을 적어볼까?

순서	미국 기업 이름
1	
2	
3	

미국에서 좋아하는
기업의 로고를 그려볼까요?
이름을 검색해서 찾아보세요.

미국 기업 친구들은 무슨 일을 할까?

기업: 테슬라
하는 일: 자동차 판매

기업: 애플
하는 일: 스마트폰 판매, 앱스토어 운영

기업: 아마존
하는 일: E북 판매, 온라인 쇼핑몰 운영

기업: 코카콜라
하는 일: 콜라 등 음료수 판매

기업: 맥도날드
하는 일: 햄버거 등 식품 판매

기업: 스타벅스
하는 일: 커피, 케익 등 판매

 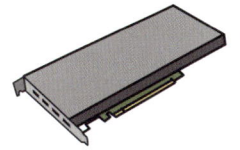
기업: 엔비디아
하는 일: 게임, AI용 그래픽 카드 판매

기업: 월마트
하는 일: 대형마트, 인터넷에서 제품 판매

기업: 구글
하는 일: 검색엔진, 동영상 서비스

미국의 기업들이 하는 일은 무엇일까요?

테슬라		스타벅스	
애플		엔비디아	
아마존		월마트	
코카콜라		구글	
맥도날드			

유리아, 위흥의 기업 친구들을 소개할게!

우리 유럽연합은 옛날부터 산업이 발전해왔어!

메르세데스 벤츠

BMW

LVMH

이케아

우리 중국은 최근 산업이 성장한 신흥 강국이야!

CATL

마오타이

시노펙

알리바바

유럽과 중국에서 유명한 기업을 적어볼까?

순서	유럽과 중국 기업 이름
1	
2	
3	

유럽과 중국에서 좋아하는 기업의 로고를 그려볼까요? 이름을 검색해서 찾아보세요.

유럽과 중국 기업 친구들은 무슨 일을 할까?

기업: 메르세데스 벤츠
하는 일: 자동차 판매

기업: BMW
하는 일: 자동차 판매

기업: LVMH
하는 일: 의류, 가방, 향수 등 사치품 판매

 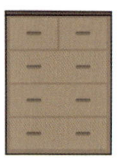
기업: 이케아
하는 일: 가구, 생필품 판매

유럽의 기업들이 하는 일은 무엇일까요?

벤츠		LVMH	
BMW		이케아	

중국기업

기업: CATL
하는 일: 배터리, 자동차 부품 판매

기업: 마오타이
하는 일: 고급 술 제조, 판매

기업: 시노펙
하는 일: 석유, 화학제품 판매

기업: 알리바바
하는 일: 온라인 쇼핑몰 운영

중국의 기업들이 하는 일은 무엇일까요?

CATL		시노펙	
마오타이		알리바바	

기업 친구들이 속해 있는 나라와 하는 일을 맞춰 볼까?

어떤 나라의 어떤기업이 어떤 일을 하고 있는지 알아보자!

유럽연합

중국

대한민국

기업	국가	하는일
현대		
테슬라		
LVMH		

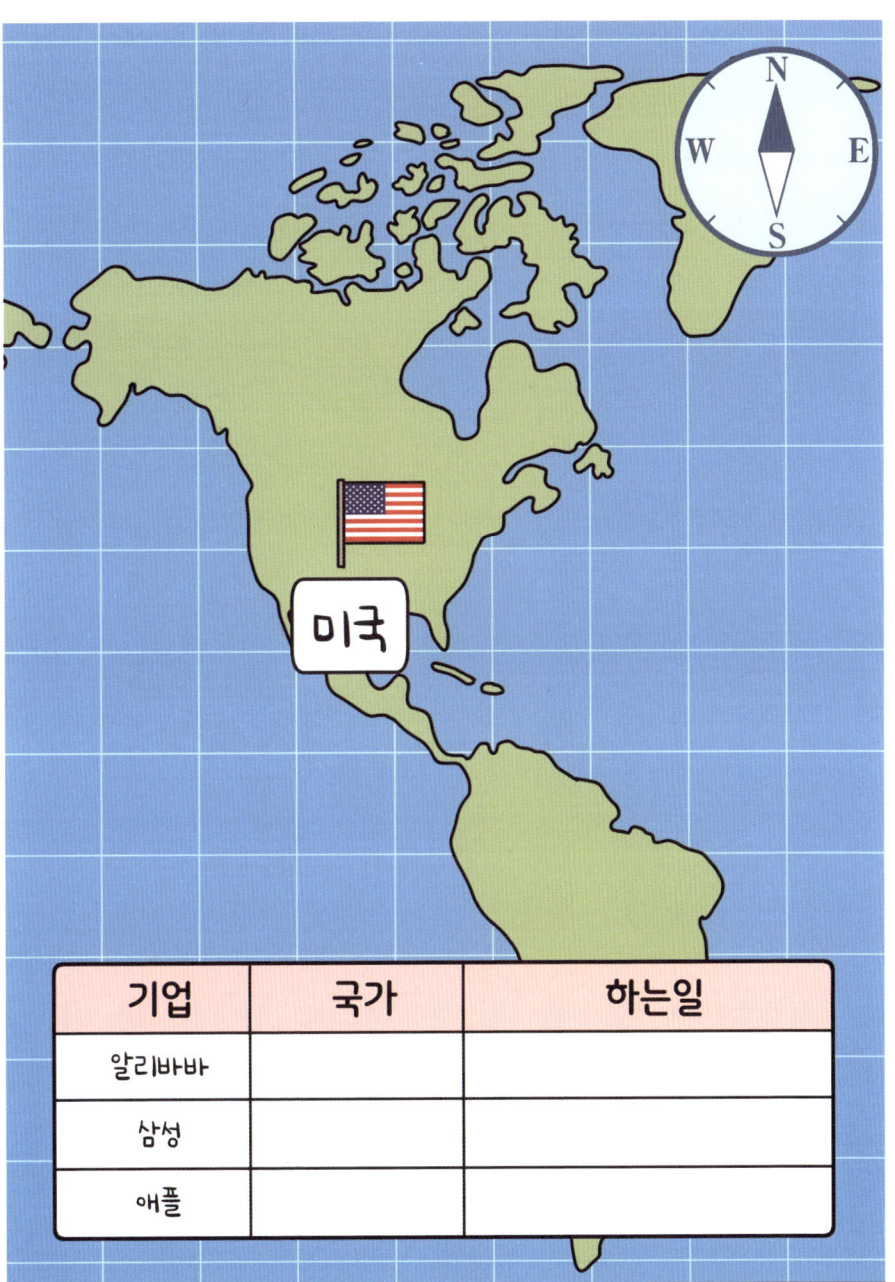

기업	국가	하는일
알리바바		
삼성		
애플		

주식은 기업의 일부분을 사는 거야!
좋아하는 기업이 있어?

사고 싶은 주식 이름	

순서	기업이름	나라이름	하는 일

생활 속 가깝게 있는 기업 친구들을 찾아볼까?

항상 쓰지만 어떤 회사 제품인지 모르겠어….

품목	회사이름
우유	
휴지	
치약	
TV	
세탁기	

다음 물건의 10년 전 가격과 지금의 가격을 알아볼까?

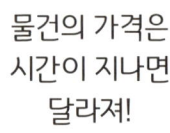

물건의 가격은 시간이 지나면 달라져!

골드바 	아이스크림 
10년 전: 지금:	10년 전: 지금:
김밥 	빼빼로 
10년 전: 지금:	10년 전: 지금:

10년 전 100만원 ------------------> 지금 100만원

돈 대신 바꾸고 싶은 물건을 써볼까요?

어떤 주식을 사볼까?

어떤 주식을 사야 미래에 가치가 오를까?

난 이것저것 여러가지를 사서 안전하게 투자할 거야!

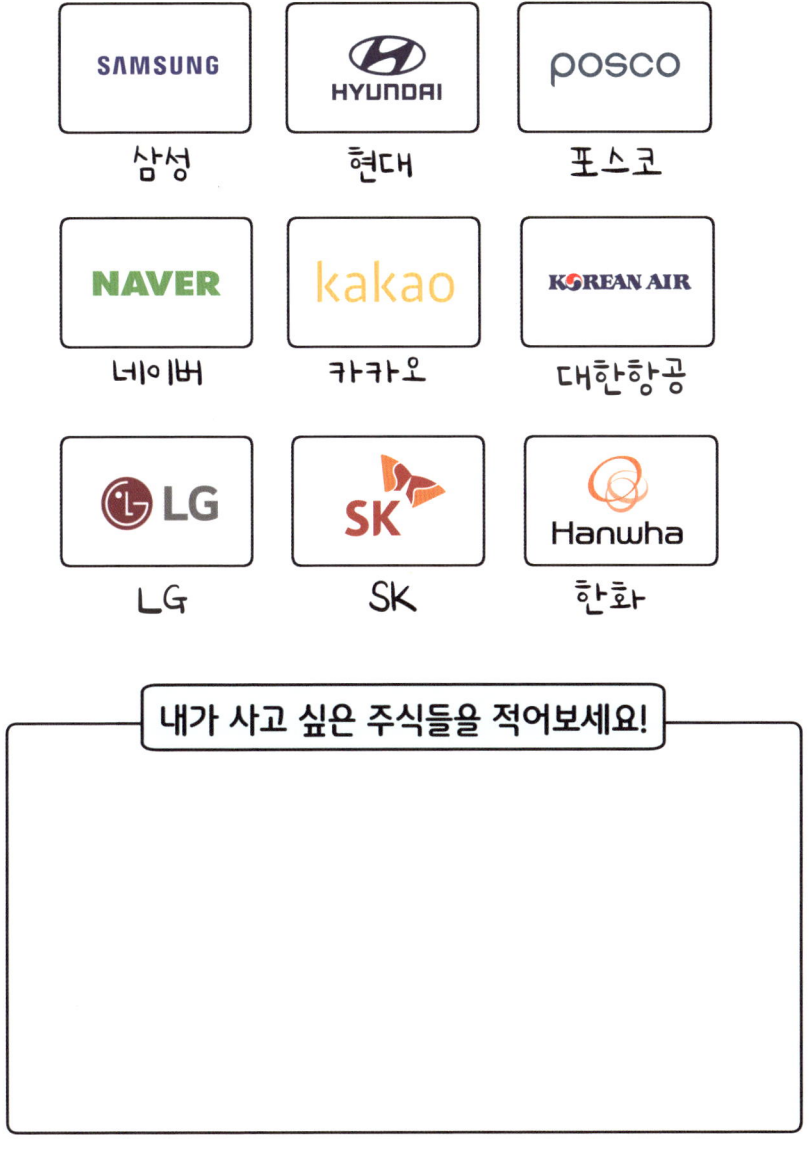

초판 1쇄 2025년 3월 3일

글, 콘티 이주영
제작 돈또니경제교육
펴낸이 이주영
펴낸곳 돈또니
출판등록 제 373-2023-000012호
주소 울산광역시 울주군 범서읍 대리로 105 이림빌딩 5층
이메일 koko0614@hanmail.net
유튜브 돈또니와 아띠

ISBN 979-11-991070-69

돈또니경제교육 Corp All Rights Reserved.
책값은 뒤표지에 있습니다.
이 책은 저작권법에 따라 보호받는 저작물이므로 무단복제를 금지하며
이 책 내용을 이용하려면 저작권자와 돈또니경제교육의 서면동의를 받아야 합니다.